Pequeños exploradores

Vamos a descubrir

VENECIA

Textos de Daniela Celli
Ilustraciones de Laura Re

NATIONAL
GEOGRAPHIC
KiDS

QUERIDA FAMILIA:

Podría mencionar innumerables razones para visitar Venecia con niños y niñas:
para empezar, no hay coches, y desplazarse en góndolas y *vaporetti* es ya una aventura;
muchos museos ofrecen visitas guiadas pensadas especialmente para las familias,
las islas de la laguna son un estallido de colores y, entre plazoletas, *calli* y *campielli*,
siempre hay algún gato esperando para ser acariciado. Pero la verdadera razón es otra:
citando el título de la maravillosa obra de Zavřel,

«¡VENECIA ES UN SUEÑO! UNA CIUDAD HECHA DE AGUA QUE NO SIGUE
LAS REGLAS COMUNES: FLUYE, ONDEA, REFLEJA, IMAGINA.
Y EN UN MUNDO TAN DIFERENTE, TODO PARECE POSIBLE».

¿Dónde mejor que aquí para soñar con ser piratas, aventureros o exploradores?
Las cuatro rutas que aparecen en esta guía quieren ser una pequeña ayuda para dar rienda
suelta a la fantasía y transformar vuestro viaje en una aventura extraordinaria.
Dejad esta guía en manos de los pequeños exploradores y que ellos os guíen a través
de las *fondamenta* y puentes de la laguna, descubriendo historias, leyendas, curiosidades
y la magia que inunda cada *sestiere*.

*Al monstruo de mi corazón, que, como
yo, cree en la magia de los sueños.
Con todo el amor del mundo,*

Daniela Celli

"BON ZORNO", BUENOS DÍAS: ¡DEJA QUE ME PRESENTE!

Me llamo Sior Leo y... ¡estoy encantado de llevarte conmigo a descubrir mi bellísima ciudad! Juntos exploraremos los *sestieri* de Venecia a la búsqueda de historias y curiosidades, navegaremos por coloridas islas y degustaremos deliciosos manjares porque, lo confieso: ¡soy un león bastante goloso! Juntos nos divertiremos muchísimo. También porque... ¡Venecia no es una ciudad cualquiera! Basta con pensar en que está construida sobre el agua, y que en lugar de coches, por "sus caminos" pasan góndolas y *vaporetti* a toda velocidad. ¿Y sabes que hay más puentes que rinocerontes negros en la sabana? Cada uno con un nombre, a menudo curioso, que esconde leyendas y particularidades.

He preparado para ti CUATRO RUTAS DIFERENTES que nos llevarán a través de *calli* y *campielli*, edificios que parecen castillos, plazas y jardines secretos.
Cada ruta empieza con UN MAPA, en el que encontrarás representadas las etapas previstas junto a algunas curiosidades interesantes. Además, entre una aventura y otra he organizado PEQUEÑOS JUEGOS para los que... ¡mantén los ojos bien abiertos!

¿QUÉ TE PARECE, ANDIAMO?

ÍNDICE

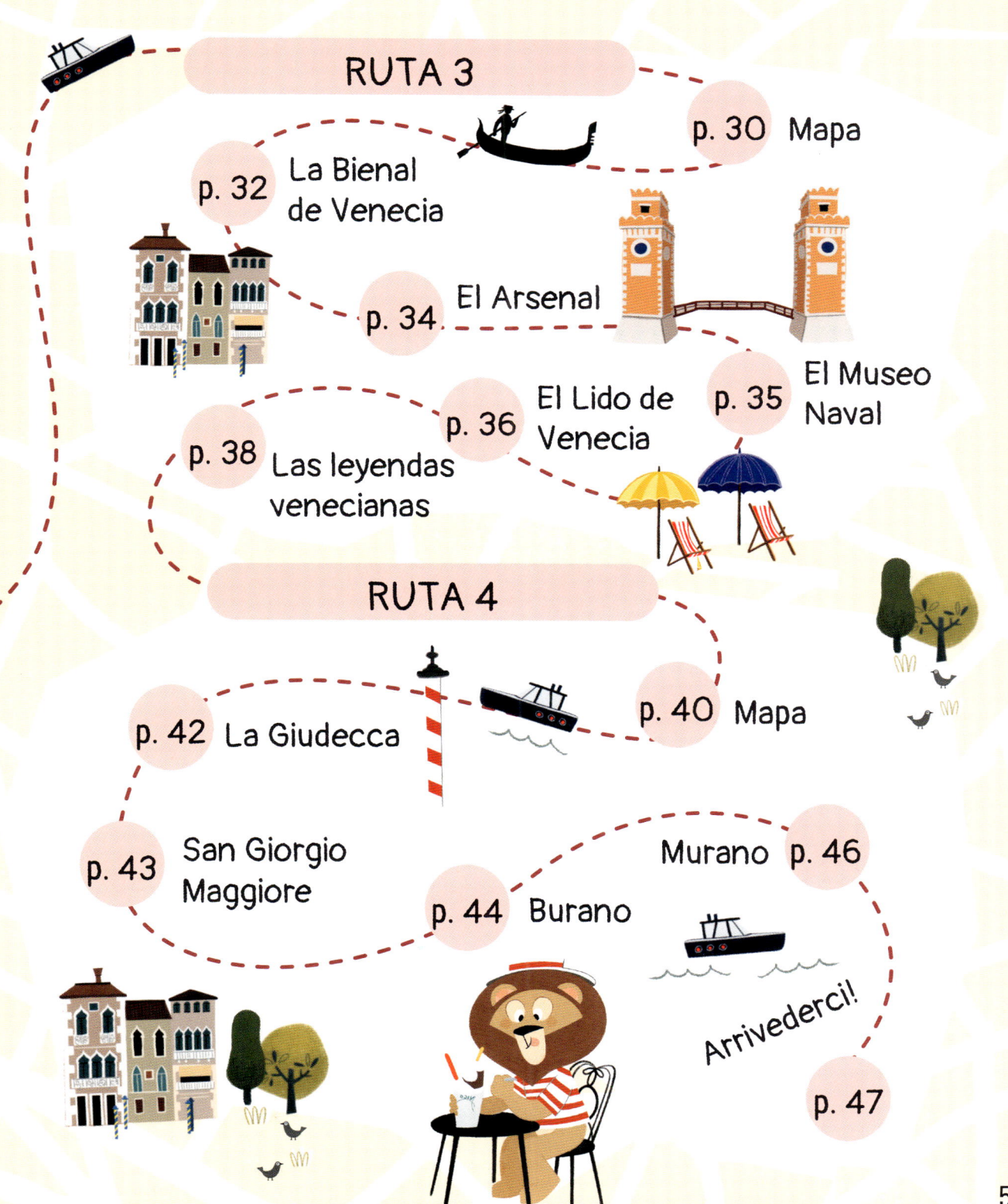

VENECIA

PLAZA DE SAN MARCO

4

EL PUENTE DE LOS SUSPIROS

2

PALACIO DUCAL

1

LOS JARDINES REALES

3

RUTA 1

Hoy pasaremos el día explorando el *sestiere* de SAN MARCO. ¿Qué son los *SESTIERI*? Se trata de los seis barrios en los que se divide la ciudad. Empezaremos por un PALACIO que parece un castillo, pero que esconde prisiones y puentes secretos, nos asomaremos a las pequeñas ventanas de un PUENTE suspirando como lo hicieron los condenados y nos relajaremos en un maravilloso OASIS VERDE. Y finalmente, descubriremos todos los secretos de una de las plazas más hermosas del MUNDO.

¿NOS PREPARAMOS PARA PARTIR?

LAGUNA DE VENECIA

• ¿Cómo orientarse?

En Venecia no existen caminos, ni avenidas ni plazas (¡excepto una!), porque muchas cosas se llaman de forma diferente. Aquí tienes una pequeña ayuda para orientarte mejor:
- *Calle*: camino
- *Calletta*: camino muy estrecho
- *Ruga*: *calle* larga e importante
- *Campo*: plaza
- *Campiello*: plazoleta
- *Fondamenta*: camino que discurre a lo largo de un canal
- *Sottoportego*: camino que pasa por debajo de un edificio

• Toponimia veneciana

En cada *sestiere* los números de las casas empiezan con el número 1 y luego... continúan hasta el ÚLTIMO. Encontrarás, pues, viviendas con el número 6423 o 5558.

¡POBRES CARTEROS!

PALACIO DUCAL

La primera etapa de nuestro viaje es como un cuento de hadas.

El Palacio Ducal, con sus espléndidos pórticos de arcos y columnas, parece un majestuoso CASTILLO SUSPENDIDO SOBRE EL AGUA. Hace unos siglos, los *Dogos* vivían aquí, gente muy importante que gobernaba la República de Venecia. Además del apartamento del *Dogo*, el edificio también albergaba el palacio de justicia y las prisiones, en las que estaban encarcelados los condenados por los delitos más graves.

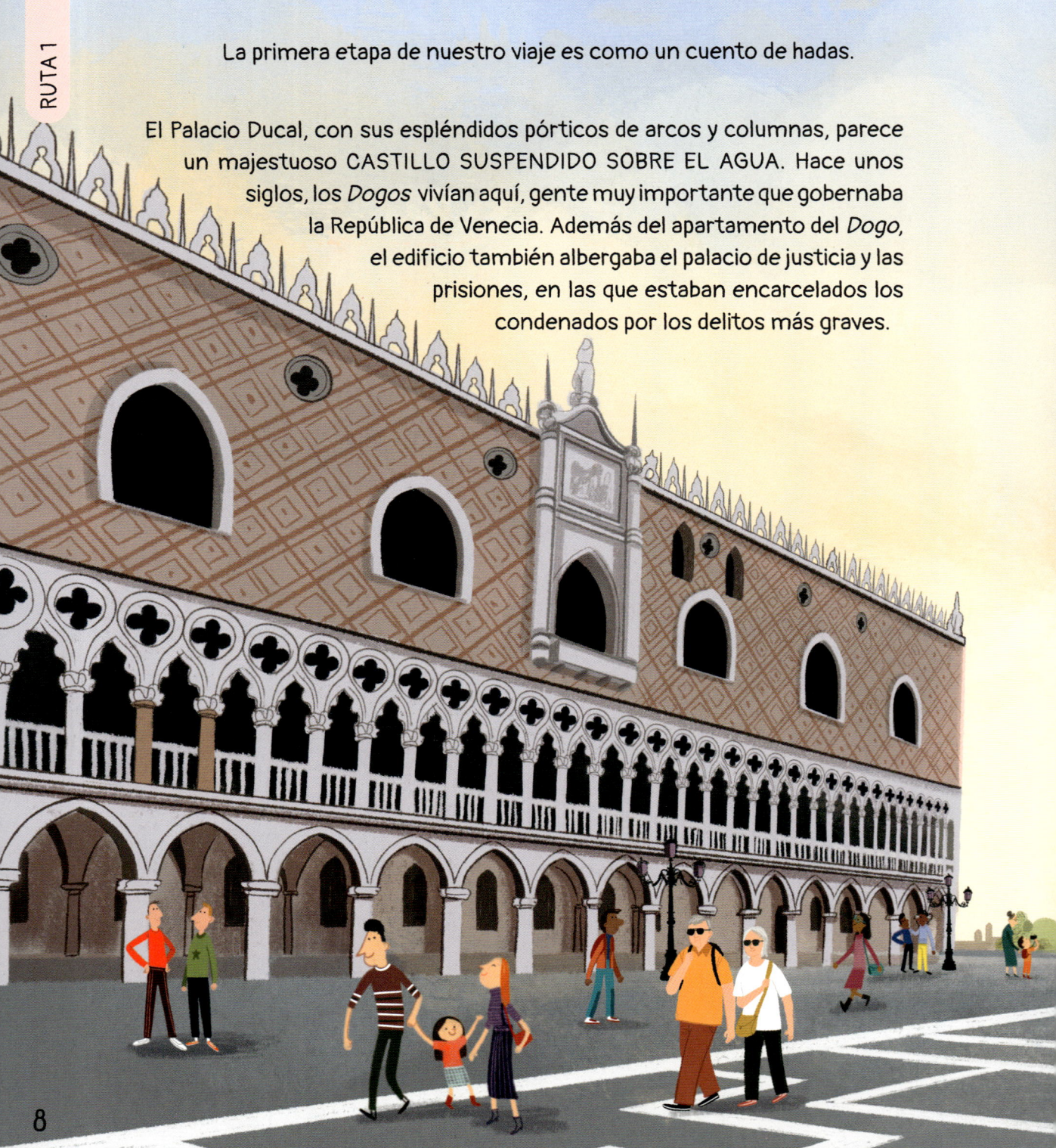

• Encuentra a las intrusas

Observando con atención las bellas columnas blancas que dan a la plazoleta, notarás que dos de ellas destacan por su COLOR ROJIZO.

PARECE QUE EL DOGO MIRABA DESDE AQUÍ LAS SENTENCIAS DE MUERTE, ENTRE EL MÁRMOL ROJO DE VERONA QUE RECORDABA LA SANGRE DE LOS CONDENADOS.

• Las Bocas de León

¿Qué son esas extrañas caras de LEÓN dispersas por todas partes, con una RANURA en el lugar de la boca?

¡SON UNOS PECULIARES BUZONES QUE SERVÍAN PARA DENUNCIAR SECRETAMENTE A QUIENES HABÍAN COMETIDO UN CRIMEN!

9

EL PUENTE DE LOS SUSPIROS

Sígueme, vamos a entrar en un lugar
algo siniestro y un poco misterioso...

Construido hace más de cuatrocientos años, el Puente de los Suspiros conecta el Palacio Ducal con las Prisiones Nuevas a través de dos estrechos corredores que cruzan el canal. Por aquí pasaban los CONDENADOS que habían sido declarados culpables, y como al pasar, miraban por las ventanillas SUSPIRANDO POR LA LIBERTAD PERDIDA, ya entenderás bien por qué el puente se llama así.

• El puente de los enamorados

A pesar de su triste función, una vieja leyenda cuenta que si dos enamorados se besan en una góndola al pasar por debajo del puente, su amor durará para siempre.
¿NO ES ROMÁNTICO?

SI QUIERES SABER MÁS CURIOSIDADES SOBRE LOS PUENTES VENECIANOS VE A LA PÁGINA 12

LOS JARDINES REALES

Un poco de relax en el oasis botánico de Venecia.

Deseados por NAPOLEÓN y muy queridos por la EMPERATRIZ SISSI, los Jardines Reales son un maravilloso rincón verde escondido entre el Gran Canal y la Plaza de San Marco.

EL MOMENTO MÁS MÁGICO PARA VISITARLOS ES EN PRIMAVERA, CUANDO LA GLICINIA QUE CUBRE LAS PÉRGOLAS LAS CONVIERTE EN UN FABULOSO CORREDOR FLORIDO PERFUMADO.

• Caza fotográfica botánica

Los jardines cubren 5000 metros cuadrados e incluyen muchas especies de PLANTAS y ÁRBOLES. Busca las grandes macetas con naranjos amargos, higueras, nísperos y granados. Fotografía las flores más bonitas que encuentres según la temporada: ¡a mí me encantan las rosas, los tulipanes, los narcisos y los maravillosos agapantos!

LOS PUENTES DE VENECIA

¡Una ciudad que flota sobre el agua ha de tener cientos de PUENTES!
El centro de Venecia incluye 121 islas, ¡unidas por 435 puentes! Algunos son muy pequeños como el Puente de la Toleta, o muy grandes como el de la Academia.
Hay puentes antiquísimos como el Puente de Rialto, construido en 1265, y puentes nuevos como el Solesin. Hay puentes de madera o de hierro, públicos o privados, utilizados por los ciudadanos para entrar en sus propias casas.
Pero todos tienen UNA HISTORIA QUE CONTAR.

¡VEAMOS LOS MÁS CURIOSOS!

• Puente de la Paja

Siempre muy concurrido por las hermosas vistas que ofrece sobre el Puente de los Suspiros, debe su nombre al hecho de que justo aquí atracaban los barcos para DESCARGAR Y CARGAR LA PAJA.
En el pasado, este material se utilizaba mucho para aislar los techos y para alimentar burros y caballos.

• Puente de los Descalzos

Situado cerca de la estación, es uno de los cuatro puentes que cruzan el Gran Canal. Su curioso nombre no significa que tengas que cruzarlo con los pies descalzos, sino que proviene de la cercana Iglesia de Santa María de Nazaret, perteneciente a la orden religiosa de los Carmelitas... DESCALZOS.

• Puente de los puñetazos

Este pequeño puente de piedra en el *sestiere* de Dorsoduro ha heredado su nombre de una antigua tradición veneciana: ¡LAS PELEAS A PUÑETAZOS! En aquella época, el puente no tenía barandillas, y los habitantes de DOS BANDAS DIFERENTES se enfrentaban por turnos para hacer caer a sus rivales... ¡al canal!

PLAZA DE SAN MARCO

¡Te damos la bienvenida a una de las plazas más bellas del mundo!

Considerada el símbolo de Venecia, la Plaza de San Marco es el corazón de la ciudad.
Es casi tan larga como dos campos de fútbol y tiene la elegante forma de un trapecio rodeado de espléndidos MONUMENTOS. Además de la gran zona rodeada por las Procuradurías, la Basílica, la Torre del Reloj y el Campanario, la Plaza de San Marco también incluye la Plazoleta de San Marco donde se encuentra el Palacio Ducal y la Plazoleta de los Leoncitos.

• La Plazoleta de los Leoncitos

Pero, ¿por qué hay TRES ESCALONES para subir? A lo largo de los siglos, muchas zonas se elevaron para evitar que fueran inundadas por el *acqua alta*, mareas altas que ocurren con frecuencia en la laguna de Venecia. En el centro de la plazoleta se encuentra el POZO que abastecía de agua potable a los habitantes.

DOS HERMOSAS ESTATUAS DE MÁRMOL ROJO, QUE LLEVAN MI IMAGEN, CUSTODIAN LA ENTRADA DE ESTA ENCANTADORA PLAZOLETA.

• La única Plaza de la ciudad

La Plaza de San Marco es la única verdadera PLAZA de la ciudad. Las otras, dependiendo de su tamaño, se llaman *Campi*, *Campielli* o *Corti* (pequeños patios).

Busca y encuentra

12 palomas,
1 pelota roja,
1 gondolero.

15

¡MÁS CURIOSIDADES SOBRE LA PLAZA DE SAN MARCO!

• La Feria de la *Sensa* (ascensión)

Mirando el pavimento de la Plaza de San Marco, verás en seguida que hay dibujados unos recuadros blancos. ¿QUÉ SON? Debes saber que, en el pasado, durante el mes de mayo, se celebraba aquí la Feria de la *Sensa*, una feria de dos semanas en la que se vendían una gran cantidad de productos: desde perfumes, a terciopelos, cerámica, especias e incluso animales.

LOS RECUADROS SE UTILIZABAN PARA MARCAR LOS ESPACIOS RESERVADOS PARA LOS PUESTOS.

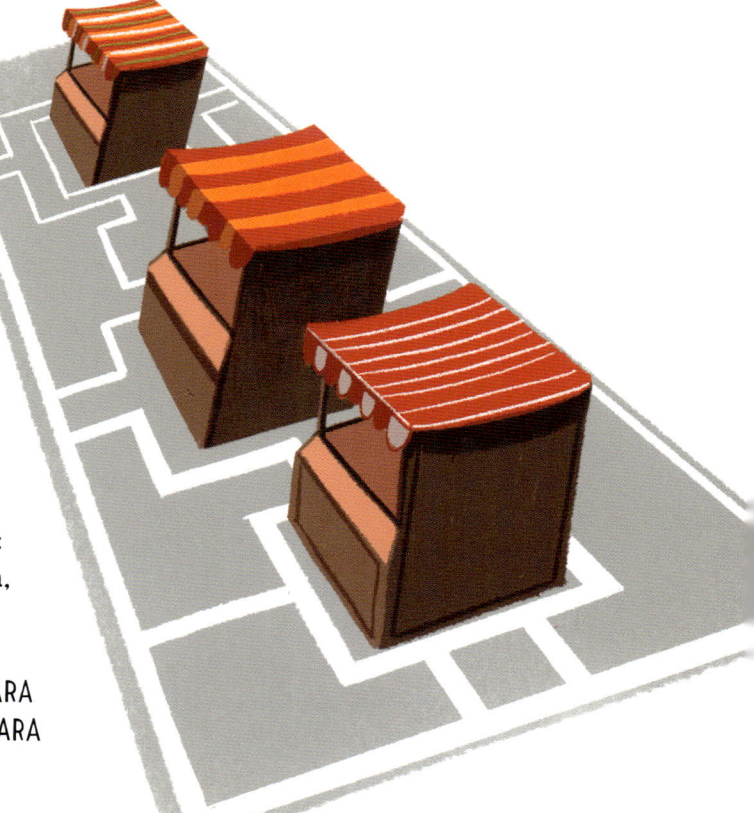

• Un afortunado malentendido

Dentro de la Basílica se encuentra la extraordinaria *Pala d'oro* (retablo dorado), una antiquísima obra bizantina recubierta de piedras preciosas que adorna el altar.

PERO... ¿CÓMO LO HICIERON LOS VENECIANOS PARA GUARDAR UN TESORO TAN VALIOSO? Según una leyenda, fue a causa de un afortunado malentendido. Cuando Napoleón intentó llevársela, le dijeron que era *ex vero* (es decir, auténtica), pero él entendió que era vidrio y... ¡la dejó allí!

• Un tesoro valioso

La majestuosa Basílica de San Marco tiene más de 1000 años de antigüedad y también es conocida como la Iglesia Dorada. De hecho, además de la legendaria *Pala*, en su interior hay un fabuloso TESORO compuesto por casi 300 objetos, muchos de ellos creados con materiales preciosos nobles e incrustados con piedras preciosas.

• El dueño de la casa

Llamado por los venecianos *El parón di casa*, el Campanario de San Marco con sus 98,6 metros es uno de los campanarios más altos de Italia.

HOY EN DÍA SE PUEDE SUBIR AL CAMPANARIO CON UN ASCENSOR. ¡LA VISTA DESDE ALLÍ ARRIBA ES MAGNÍFICA!

Sígueme, ¡una nueva ruta nos espera!

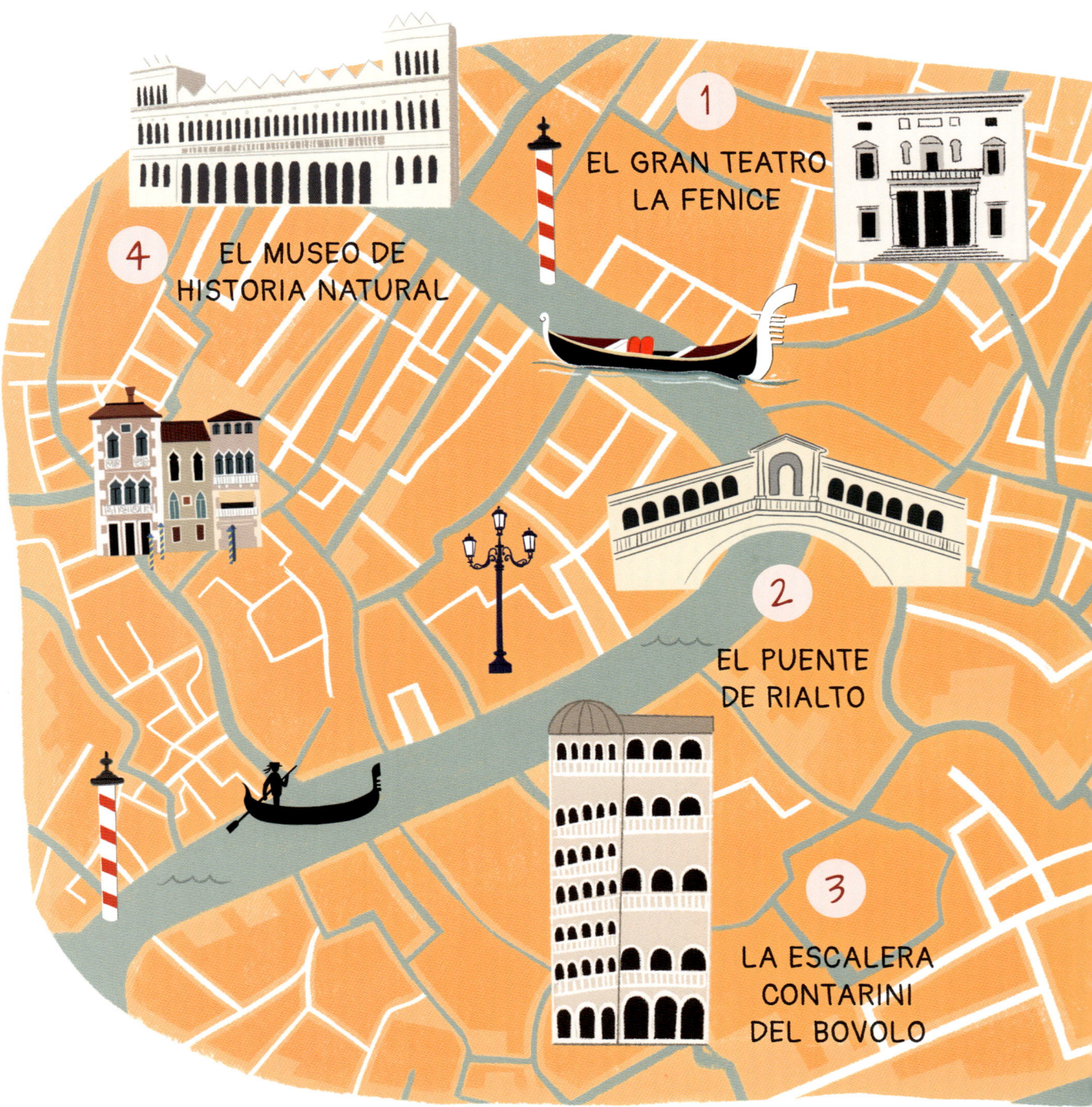

EL GRAN TEATRO
LA FENICE
1

EL MUSEO DE
HISTORIA NATURAL
4

EL PUENTE
DE RIALTO
2

LA ESCALERA
CONTARINI
DEL BOVOLO
3

RUTA 2

Hoy empezaremos el día visitando un TEATRO con un nombre legendario, descubriremos juntos las máscaras más aterradoras del CARNAVAL, daremos un paseo en la EMBARCACIÓN más famosa de Venecia y subiremos una larga ESCALERA DE CARACOL para admirar la ciudad desde arriba.

¡Por último, caminaremos bajo ballenas gigantes y alrededor de un esqueleto de dinosaurio de más de 7 metros!

PERO PRIMERO, ¿QUÉ TAL SI NOS PARAMOS A COMER UN PAR DE *CICCHETTI*?

EL CARNAVAL

• Ir de *bacari*

Los *cicchetti* son bocadillitos (*Ciccum* en latín significa pequeña cantidad) que se comen en los *bacari*, las típicas tabernas venecianas. Normalmente son TENTEMPIÉS perfectos como aperitivo, ¡pero es divertido comer *cicchettando* (es decir, picando) de un *bacaro* a otro!

• Mucho donde elegir

Hay muchos tipos de *cicchetti*: de carne, de pescado, con queso, embutidos o verduras, calientes o fríos.
VEAMOS ALGUNOS:

• *Baccalà mantecato*: una crema de bacalao seco y aceite servida sobre un picatoste de pan o de polenta.
• *Trippa rissa*: tiras de callos fritos.
• *Schie e Polenta*: camarones grises de la laguna fritos o hervidos servidos con una polenta cremosa.
• *Zeólete in agro e dólze*: cebollas agridulces.

EL GRAN TEATRO LA FENICE

«La laaaaa, la la la la la la la la laaaaa...»
Uhm, lo siento, ¡pero me apasiona cantar!

Inaugurado en 1792 con ocasión de la Feria de la *Sensa*, el Teatro La Fenice es la principal ÓPERA de Venecia y una de las más prestigiosas del mundo. En su espléndido escenario se han representado por primera vez óperas famosas como *La Traviata* de Giuseppe Verdi.

¿QUÉ TAL SI ENTRAMOS Y LO VISITAMOS?

• Un nombre apropiado

El teatro lleva el nombre de un AVE LEGENDARIA capaz de resurgir de sus propias cenizas. En 1836 fue devastado por las llamas de una estufa defectuosa y, poco más de cien años después, un incendio lo destruyó por completo.

AL IGUAL QUE EL FÉNIX, TAMBIÉN EL GRAN TEATRO «VOLVIÓ A LA VIDA» Y FUE RECONSTRUIDO FIELMENTE, DE MODO QUE RECUPERÓ TODO SU ESPLENDOR.

• Entrada de agua

Hoy en día la entrada principal del teatro está en el Campo San Fantin, pero antiguamente era costumbre ir al Teatro La Fenice... ¡en barca! La entrada trasera, de hecho, como en muchos palacios venecianos, da al agua.

Durante el Carnaval, el escenario del Teatro La Fenice se transforma en un SALÓN DE BAILE y sucede que algunos espectadores llegan en góndolas vestidos con máscaras.

HABLANDO DE MÁSCARAS, ¡PASA LA PÁGINA SI QUIERES SABER MÁS SOBRE EL FAMOSO CARNAVAL VENECIANO!

¡DESCUBRAMOS MUCHAS CURIOSIDADES SOBRE EL CARNAVAL!

• **¡Hola, *Siora* máscara!**

El Carnaval veneciano tiene orígenes muy antiguos. En el pasado duraba hasta SEIS SEMANAS y era una forma de ofrecer a los habitantes un periodo de gran diversión.
Además de las celebraciones y los BAILES en los palacios, todos los ciudadanos llevaban MÁSCARAS para ocultar su identidad, hombres y mujeres, ricos y pobres, no había ninguna distinción.

• **El vuelo del ángel**

Esta antigua tradición consiste en que una figura disfrazada de ÁNGEL «se lanza» desde el Campanario de San Marco deslizándose por una cuerda suspendida.

¡BRRR, YO NUNCA PODRÍA HACER ESO, SUFRO DE VÉRTIGO!

• El médico de la peste

Quizás sea ese pico afilado o el traje completamente negro, pero... ¡brrr! ...esta máscara me asusta un poco. En realidad, en el pasado el PICO no tenía ninguna función monstruosa, sino que servía como recipiente para HIERBAS MEDICINALES.

De esta manera los médicos que la llevaban esperaban no contagiarse de la terrible enfermedad que azotó a Venecia dos veces: la PESTE.

• La *Bauta*

Es uno de los trajes más antiguos e incluye una MÁSCARA BLANCA, ensanchada en la parte inferior para permitir comer y beber libremente.

TAMBIÉN SE UTILIZABA FUERA DEL CARNAVAL, PARA PODER PASEAR DE INCÓGNITO POR LA CIUDAD, ¡Y ERA OBLIGATORIA PARA LAS MUJERES CASADAS QUE IBAN AL TEATRO!

¿DE QUÉ TE GUSTARÍA DISFRAZARTE?

EL PUENTE DE RIALTO

Siore y *Siori* («señoras y señores»), ¡he aquí uno de los puentes más famosos de Venecia!

El Puente de Rialto es el más antiguo de los cuatro puentes que cruzan el Gran Canal, el canal principal que divide el centro histórico en dos partes. Como si fuera una señal, fue diseñado por un escultor llamado ANTONIO... ¡DA PONTE («puente» en italiano)!
Hace casi 500 años logró la difícil tarea de crear una estructura de piedra lo suficientemente alta para permitir el paso de los grandes barcos que llevaban mercancías al mercado cercano. Para sostenerla se clavaron 12 000 estacas de madera en el suelo submarino.

• No solo un paso
El Puente de Rialto es un «puente habitado»: además de permitir el paso de personas, alberga estructuras donde se desarrollan diversas ACTIVIDADES.

¡EN SU INTERIOR SE «OCULTAN» DOS FILAS DE TIENDAS, CON UN TOTAL DE 24 COMERCIOS!

Busca y encuentra

1 bauta,
5 gaviotas,
1 perrito,
1 gondolera.

• "Un quartarolo grassie"

Hace unos mil años, los ciudadanos podían cruzar el canal SOLO EN BARCA.

Un barquero llevaba a los transeúntes de un lado a otro por el precio de un *quartarolo*, una pequeña moneda que valía un cuarto de denario.

FUE ESTA MONEDA LA QUE DIO NOMBRE AL PRIMER PUENTE SOBRE EL GRAN CANAL QUE NO ERA OTRA COSA QUE UN PASO DE BARCAS COLOCADAS UNA JUNTO A OTRA.

DESCUBRAMOS ALGUNAS CURIOSIDADES SOBRE LA LEGENDARIA GÓNDOLA VENECIANA.

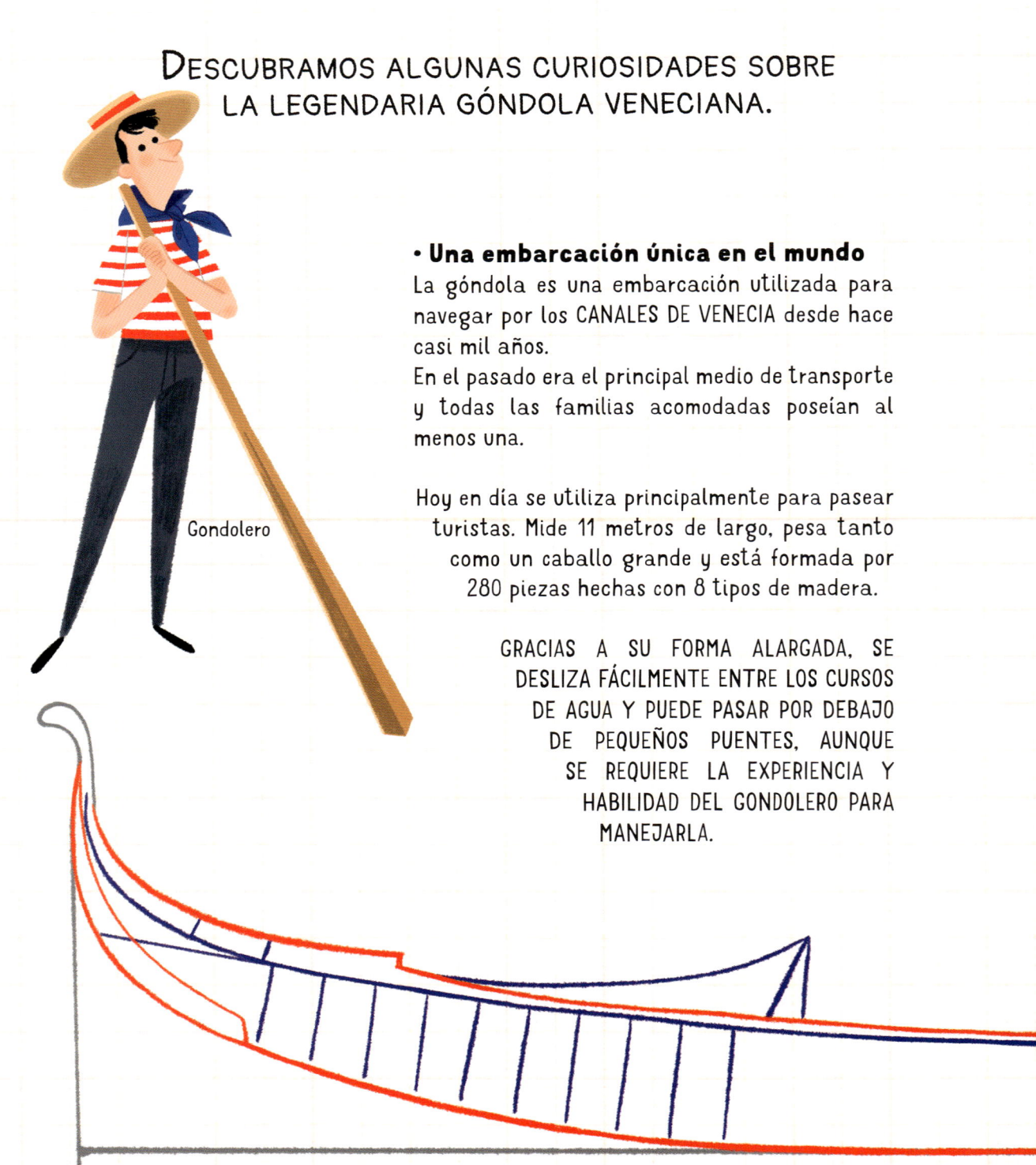

Gondolero

• Una embarcación única en el mundo

La góndola es una embarcación utilizada para navegar por los CANALES DE VENECIA desde hace casi mil años.

En el pasado era el principal medio de transporte y todas las familias acomodadas poseían al menos una.

Hoy en día se utiliza principalmente para pasear turistas. Mide 11 metros de largo, pesa tanto como un caballo grande y está formada por 280 piezas hechas con 8 tipos de madera.

GRACIAS A SU FORMA ALARGADA, SE DESLIZA FÁCILMENTE ENTRE LOS CURSOS DE AGUA Y PUEDE PASAR POR DEBAJO DE PEQUEÑOS PUENTES, AUNQUE SE REQUIERE LA EXPERIENCIA Y HABILIDAD DEL GONDOLERO PARA MANEJARLA.

Giudecca

Sombrero
del Dogo
Puente de Rialto

San Marco
San Paolo

Santa Croce
Castello
Dorsoduro
Cannaregio

Gran Canal

• El significado secreto del *fero da prora*

Cada góndola tiene en la parte delantera el llamado *fero da prora* o *FERRO DI PRUA*, una lámina metálica que sirve para equilibrar el peso del gondolero.

Su particular forma tiene un significado oculto: los seis «dientes» delanteros representan los seis *sestieri* venecianos, el diente invertido representa la *Giudecca*, la punta representa el *Sombrero del Dogo*, el arquito, el Puente de Rialto, las tres filigranas, las islas de Murano, Burano y Torcello, y la gran «S», ¡el fabuloso Gran Canal!

• Asimetría estratégica

¿HAS NOTADO QUE LAS GÓNDOLAS TIENEN EL LADO IZQUIERDO MÁS ANCHO QUE EL DERECHO?

No, no es un error del *squeraiol* (el constructor), sino una característica que las mantiene inclinadas y permite a los gondoleros remar más fácilmente AL ESTILO VENECIANO, es decir, de pie en la popa (la parte posterior) ¡y utilizando un solo remo!

LA ESCALERA CONTARINI DEL BOVOLO

¡Subamos a una de las joyas ocultas de Venecia!

En 1499 los CONTARINI, una antigua y noble familia veneciana, mandaron construir una suntuosa escalera para embellecer aún más su palacio, que ya era rico en frescos y decoraciones. Con poco menos de 26 metros de altura, la escalera consta de una espiral de 80 escalones que serpentea dentro de una torre salpicada de arcos. *Bovolo* en veneciano significa CARACOL, o mejor aún, ¡ESPIRAL!

¡Y AHORA SÍGUEME! ¡DESDE LO ALTO SE PUEDE DISFRUTAR DE UNA MARAVILLOSA VISTA DE VENECIA!

• Una cabalgata nocturna

Cuenta una antigua leyenda que PIETRO CONTARINI mandó construir una escalera exterior para poder llegar a su dormitorio galopando en su caballo.

¿QUÉ DICES, SERÁ CIERTO?

EL MUSEO DE HISTORIA NATURAL

De palacio de comerciantes a museo.

Tras haber sido residencia de comerciantes otomanos durante siglos, el *Fontego dei turchi*, el espléndido PALACIO ADORNADO CON ALMENAS Y ARCOS que domina el Gran Canal, alberga hoy el Museo de Historia Natural de Venecia. Su símbolo, representado también en uno de los muchos relieves de la fachada, es UN PÁJARO ATRAPANDO UN PEZ.

• Ballenas, fósiles y los misterios de la laguna

El museo es un REINO MÁGICO donde podrás pasear entre los gigantes del mar en la galería de los cetáceos, viajar en el tiempo transformándote en un auténtico paleontólogo en busca de dinosaurios, admirar las colecciones de los grandes exploradores venecianos y descubrir todos los secretos de la laguna.

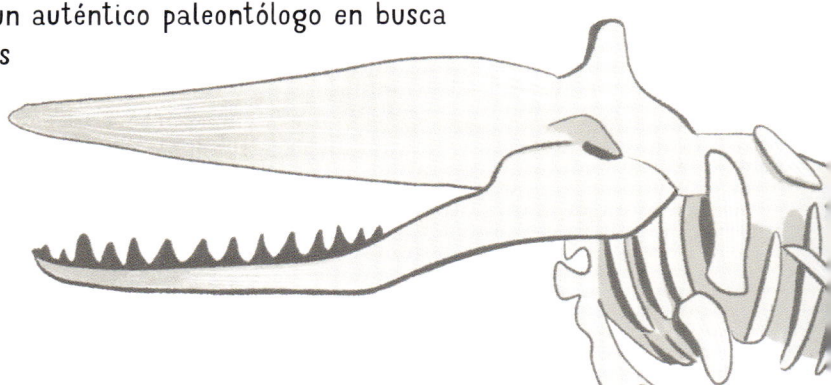

¿Te atreves a una nueva aventura?

la Biennale

2 ARSENAL

1 LA BIENAL DE VENECIA

3 EL MUSEO NAVAL

4 EL LIDO DE VENECIA

RUTA 3

¡Hoy empezaremos el día haciendo un pequeño VIAJE POR EL MUNDO! Luego iremos a descubrir los secretos de los BARCOS Y GALERAS y, tras embarcar en un *vaporetto*, desembarcaremos en una ISLA. Aquí nos subiremos a una bicicleta y, empujados por el viento, pedalearemos hasta el faro. Por último, mientras observamos a las aves te contaré algunas simpáticas LEYENDAS sobre brujas, hechiceros y monstruos de la laguna...

PERO ANTES DE SUBIR A BORDO, ¿QUÉ TAL SI NOS DETENEMOS EN DOS LIBRERÍAS INCREÍBLES?

• *Sullaluna* («en la luna»)

A lo largo de un canal en Cannaregio se encuentra un lugar mágico. Una librería repleta de magníficos LIBROS ILUSTRADOS donde podrás sentarte en mesas que casi tocan el agua para disfrutar de deliciosos *cicchetti*, pasteles, picatostes ¡y fabulosos chocolates calientes!

• *Acqua Alta*

En esta librería situada en el corazón del *sestiere* Castello encontrarás GATOS durmiendo en los sitios más insólitos, como barriles, cofres e incluso una GÓNDOLA repleta de volúmenes; y, como si eso fuera poco, una verdadera escalera de libros por la que puedes subir para contemplar el canal.

¿NO ES INCREÍBLE?

LA BIENAL DE VENECIA

¡Viajemos por el mundo a través del arte!

La Bienal de arte de Venecia es uno de los eventos internacionales más importantes del ARTE CONTEMPORÁNEO.
Desde su primera edición en 1895, el escenario tradicional de la muestra son los Jardines Napoleónicos, un espléndido parque que alberga los pabellones temáticos donde los artistas exponen sus obras.

ENCONTRARÁS PINTURAS ENORMES Y ESTATUAS EXTRAÑAS, CABEZAS DE DRAGONES GIGANTES E INCLUSO INSTALACIONES ¡QUE SE MUEVEN SOLAS!

• Un museo al aire libre

Creados por Napoleón en 1807, los JARDINES son la zona verde más extensa del centro histórico. Aquí se encuentran los 29 PABELLONES que se pueden visitar durante el periodo de inauguración de la muestra.

ALGUNOS SON VERDADERAS OBRAS DE ARTE QUE TRANSFORMAN LOS JARDINES EN UN EXTRAORDINARIO MUSEO AL AIRE LIBRE.

• La vuelta al mundo en 29 pabellones

Los pabellones son espacios de exposición asignados a TODAS LAS NACIONES que participan en la Bienal; ¡visitarlos es un poco como dar la vuelta al mundo!

ADEMÁS, CADA NUEVA EDICIÓN DE LA BIENAL TIENE UN TEMA ESPECÍFICO AL QUE LOS ARTISTAS DEBEN HACER REFERENCIA: DESDE LOS ANIMALES FANTÁSTICOS HASTA LA INTELIGENCIA ARTIFICIAL.

¿QUÉ TEMA PROPONDRÍAS?

EL ARSENAL

¿Alguna vez has visitado un astillero?

El Arsenal es el lugar donde se construían todos los barcos de la flota militar y mercante de la República de Venecia. En un tiempo, allí trabajaban 16 000 obreros especializados llamados *arsenalotti*, maestros carpinteros de ribera que construían con gran destreza galeras, barcos mercantes y otros buques de guerra. Dado que la actividad del astillero debía permanecer SECRETA, el arsenal estaba rodeado por 3 kilómetros de altos muros de ladrillo rojo con una puerta de tierra y una puerta de agua.

• Los diques secos

En la Dársena es posible ver de cerca los fascinantes *diques secos*, una especie de PISCINAS ARTIFICIALES que, llenándose y vaciándose de agua, permitían que los cascos de los grandes buques de hierro estuvieran «secos» para el necesario mantenimiento.

EL MUSEO NAVAL

Entramos en uno de los museos navales más hermosos del mundo.

Visitar el MUNAV es como hacer un magnífico viaje por la gloriosa historia marítima de Venecia. En su día, el edificio que lo alberga era uno de los GRANEROS DE LA CIUDAD donde se almacenaban los CEREALES para la elaboración del *biscotto*, un tipo de galleta que constituía el alimento principal de los marineros.

• El tesoro de Venecia

El museo está organizado en tres niveles y contiene 40 salas donde se pueden admirar embarcaciones, armas, instrumentos náuticos, reliquias históricas de la marina y uno de los tesoros de Venecia: ¡el bucentauro!
El bucentauro era una gran galera enriquecida con INCRUSTACIONES Y DORADOS, en la que el *Dogo* embarcaba durante la ceremonia de la Feria de la *Sensa*. Debe su nombre a los *bucinatores*, los músicos que tocaban la *buccina* (un instrumento parecido a la trompeta) para anunciar su llegada a los ciudadanos.

EL LIDO DE VENECIA

¡Subamos a bordo, mi valiente, la isla nos espera!

El lido es una delgada franja de tierra que se encuentra entre la laguna y el mar. Es una verdadera isla y para llegar a ella hay que tomar uno de los *vaporetti*, los barcos que se utilizan en Venecia como transporte público. LA ISLA TIENE 12 KILÓMETROS DE LARGO Y ESTÁ SALPICADA DE PLAYAS. Hay tres hermosos oasis naturales donde anidan diversas especies de aves, un bosque de pinos, un antiguo aeropuerto y un faro.

¿COGEMOS NUESTRAS BICICLETAS PARA LLEGAR ALLÍ?

CHORLITEJO
PATINEGRO

CHARRANCITO

• *Birdwatching*

En días apacibles, cuando el mar está en calma, es fácil avistar chorlitejos patinegros y charrancitos.

¡NO OLVIDES TRAER PRISMÁTICOS!

• **El faro de San Nicolò**

En la parte más septentrional del lido, al final de un dique de unos 3 kilómetros de largo, se encuentra un BONITO FARO ROJO. Es un lugar encantador donde se puede respirar el aroma del mar y disfrutar de UNA VISTA MAGNÍFICA.

¡DEBERÍAS VER QUÉ BONITO ES AL ATARDECER!

Busca y encuentra

4 chorlitejos patinegros,
4 charrancitos,
1 pelota,
1 chica con sombrero,
1 chico con gafas.

Descubramos algunas curiosidades sobre leyendas venecianas

• Los comerciantes de piedra del Palacio Mastelli

En Campo dei Mori hay un extraño palacio que en su día perteneció a tres hermanos.

Lo encontrarás fácilmente por el CAMELLO que decora la fachada. Los tres comerciantes se habían enriquecido vendiendo ESPECIAS y TELAS, pero no siempre se comportaban honradamente.

Un día, mientras intentaban estafar a otro cliente, exclamaron: «¡Que el Señor nos convierta en piedra si esta no es la mejor tela de Venecia!»
Y así fue...

BUSCA POR EL *CAMPO* A LOS HERMANOS Y A SU CRIADO Y NO OLVIDES TOCAR LA NARIZ DE HIERRO DE SIOR RIOBA, ¡SE DICE QUE TRAE BUENA SUERTE!

• La hora de la hechicera

Si paseando por Dorsoduro entras en la Calle de la Toletta y miras hacia arriba, verás un viejo DESPERTADOR colgado de la pared. Se dice que este despertador era utilizado para señalar la hora del mal a una terrible bruja.

SIEMPRE QUE SE ROMPE HAY QUE SUSTITUIRLO, DE LO CONTRARIO OCURRIRÁN SUCESOS SINIESTROS Y MISTERIOSOS.

• Los Leones del Arsenal

A lo largo de las murallas almenadas que rodean el Arsenal, se encuentran CUATRO LEONES de mármol blanco. Se dice que en el pasado, al tocar las inscripciones grabadas en la piedra, un HECHICERO podía animarlos y desatarlos contra sus enemigos. Pero un día un hombre rompió el hechizo decapitando a una bestia antes de que se convirtiera en piedra.

¡GLUPS! OBSERVA ATENTAMENTE LAS ESTATUAS, TE DARÁS CUENTA DE QUE, DE HECHO, UNA CABEZA HA SIDO REEMPLAZADA...

• El monstruo de las aguas negras

Se dice que, dentro de una gran cavidad ubicada debajo de Punta della Dogana, vive una EXTRAÑA CRIATURA con cuerpo de serpiente y cabeza de caballo. Durante el día se esconde porque teme a los gondoleros, pero cuando sale en las noches sin luna, sopla tan fuerte que envuelve la ciudad en niebla.

SI QUIERES VERLA SALIR DEL AGUA SIN CORRER NINGÚN RIESGO...

...¡ENCONTRARÁS UNA HERMOSA ESTATUA ANIMADA DEL MONSTRUO EN EL MUSEO DEL VIDRIO DE MURANO!

¡GRRRR!

¿Es posible que ya hayamos llegado a la última ruta?

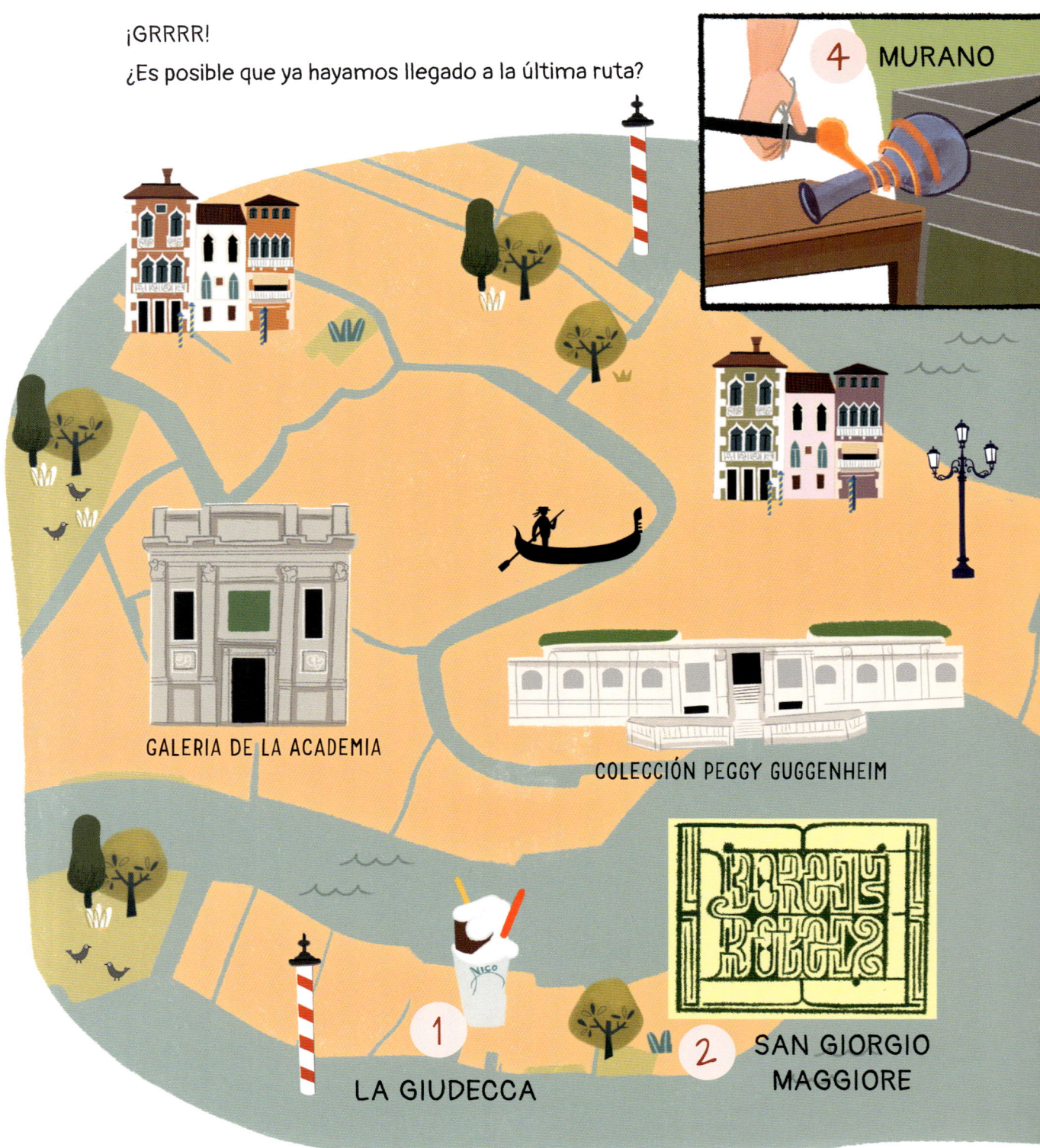

4 MURANO

GALERIA DE LA ACADEMIA

COLECCIÓN PEGGY GUGGENHEIM

1 LA GIUDECCA

2 SAN GIORGIO MAGGIORE

Hoy nos espera una gran aventura entre las islas de la laguna: desembarcaremos en la GIUDECCA, que parece una espina de pescado (pero también una serpiente dormida) para una misión golosa; atracaremos en SAN GIORGIO para buscar objetos ocultos dentro de un laberinto, nos meteremos dentro de una caja de colores en BURANO y por último, después de probar dulces y galletas, descubriremos los secretos del legendario arte del VIDRIO DE MURANO.

• Caminar sobre el agua

El *ACQUA ALTA* es un fenómeno natural muy frecuente en Venecia, sobre todo en otoño y en invierno. Cuando determinadas condiciones climáticas se suman a los picos de marea, se producen INUNDACIONES en varias partes de la ciudad. Por esta razón, los venecianos cuentan con un eficiente sistema de PASARELAS de madera que permite «caminar sobre el agua».

• El sistema MOSE

Para proteger Venecia del *acqua alta* se diseñó un gran sistema de COMPUERTAS MÓVILES. Imaginemos una especie de gigantesca puerta de acero situada bajo el mar, que se levanta como un escudo y detiene la subida del agua.

BRILLANTE, ¿NO?

LA GIUDECCA

A bordo, ¡zarpamos hacia Spinalonga!

Este era, en el pasado, el nombre de la isla de la Giudecca. ¿Y sabes por qué? ¡Por su forma, naturalmente! Si la observaras desde arriba, notarías que se asemeja a una espina de pescado formada por ocho pequeñas islas conectadas por puentes. Para llegar a ella hay que tomar el *vaporetto*, pero solo una vez al año es posible llegar a pie.

Durante la Fiesta del Redentor, que se celebra el tercer domingo de julio, se «construye» un PUENTE ESPECIAL hecho de... ¡barcas!

• Una misión golosa

Esta encantadora isla es el lugar ideal para pasear, descubrir pequeños jardines secretos escondidos entre las *calli*, visitar los talleres de los artesanos y... comer el famoso *Gianduiotto di Nico* delante de la Fondamenta delle Zattere. Es una rodaja de GIANDUIA sumergida en un vaso de NATA MONTADA.

¡ÑAM ÑAM, YA SE ME HACE LA BOCA AGUA!

SAN GIORGIO MAGGIORE

¿Listo/a para una aventura entre el cielo y la tierra?

Justo al lado de la Giudecca hay otra PEQUEÑA ISLA en la que destaca como un faro el campanario de la basílica.

TIENE 75 METROS DE ALTURA Y LA VISTA DESDE ALLÍ ARRIBA ES REALMENTE MAGNÍFICA.

• El laberinto de Borges

En la isla hay un LABERINTO compuesto por 3250 plantas de boj entrelazadas para formar el nombre de Borges, un escritor que amaba Venecia. ¡Pero eso no es todo!

En el interior del laberinto se esconden elementos queridos por Borges.

¿LOGRARÁS ENCONTRAR TODOS?

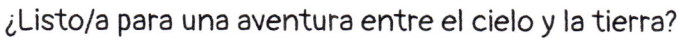

Busca y encuentra

1 reloj de arena,
1 espejo,
1 tigre,
1 bastón,
1 interrogante.

43

BURANO

¡Te damos la bienvenida a la isla más colorida de la laguna!

¿No te sientes como si estuvieras entrando en una caja de lápices de colores? Las casas de Burano son rojas y rosas, naranjas y amarillas y de todos los demás COLORES DEL ARCOÍRIS.

Se dice que de esta manera los pescadores que antes regresaban a casa en la niebla encontraban más fácilmente su vivienda, pero también que, al tener que pintarlas a menudo por la humedad, las mujeres mezclaban cualquier color disponible.

Y TÚ... ¿CUÁL ELEGIRÍAS?

• La casa de Bepi

Detrás de la Piazza di Burano hay una casa un poco especial, muy coloreada y decorada con formas geométricas. Es la casa de *Giuseppe Toselli*, apasionado por la pintura, que una vez colgó una sábana en la fachada para proyectar DIBUJOS ANIMADOS con que hacer felices a niños y niñas.

• El *campanil storto*

Incluso el campanario de la iglesia de Burano es especial porque está... TORCIDO. ¡A causa de un hundimiento del terreno, está inclinado 1,83 metros!

¿Y QUÉ TE PARECE PROBAR UNA BUENA *BUSSOLÁ*, LA GALLETA TRADICIONAL DE BURANO? ¡A MÍ ME ENCANTA!

MURANO

¡Descubramos los secretos del vidrio!

Compuesta por siete pequeñas islas conectadas por puentes, Murano es célebre en todo el mundo por la producción de VIDRIO SOPLADO. Durante casi un milenio, los MAESTROS VIDRIEROS han transformado la arena y el fuego en extraordinarias esculturas transparentes y coloridas.

¡Pensemos que hubo una época en que Venecia era tan celosa de este arte único y extraordinario que, para salir de la isla, los fabricantes de vidrio necesitaban un permiso especial!

• Fuego, aliento e imaginación

En Murano es posible visitar uno de los numerosos HORNOS, los lugares donde el vidrio cobra vida. Los maestros toman el vidrio fundido del horno, que permanece encendido día y noche, y con unas largas varillas de hierro le dan forma, lo soplan y a partir de una masa incandescente crean las formas más extrañas: gatos, peces, góndolas, joyas y ¡hasta leones!

• Una receta antigua

El DULCE típico de Murano es la *bussolà*. A diferencia del de Burano, está enriquecido con frutos secos, frutas confitadas, chocolate y especias.

¡GRRRR!
¡NO PUEDO PARAR!

BUENO, CON LA MELENA LLENA DE MIGAS, ME DESPIDO. ESPERO QUE TE HAYAS DIVERTIDO VIAJANDO CONMIGO.

SIGUE EXPLORANDO EL MUNDO Y MANTÉN SIEMPRE TU IMAGINACIÓN ARDIENDO COMO EL FUEGO EN LOS HORNOS DE MURANO.

ARRIVEDERCI!

LAURA RE

Nacida en Roma, asistió a la *Scuola Romana dei Fumetti*. Inmediatamente después, colaboró con estudios de animación, donde ocupó el puesto de diseñadora de personajes, artista conceptual e ilustradora. Tras asistir a la Escuela Internacional de Ilustración de Sàrmede, se trasladó a Milán para cursar el Máster en Ilustración de Mimaster. Aquí ha profundizado sus conocimientos sobre la edición y la ilustración infantil.

Maquetación: Valentina Figus

© 2026 White Star s.r.l.
Piazzale Luigi Cadorna, 6
20123 Milán, Italia
www.whitestar.it

Licenciatario de National Geographic Partners, LLC.

NATIONAL GEOGRAPHIC and Yellow Border Design are trademarks of the National Geographic Society, used under license.

Traducción: Qontent
Edición: Yaiza Leal Cañizares

ISBN 978-88-540-6159-0
1 2 3 4 5 6   30 29 28 27 26

Impreso en China
por Shenzhen Dream Colour
Printing Company Limited,
Shenzhen, Guangdong

MIXTO
Papel | Apoyando la
silvicultura responsable
FSC® C178000

DANIELA CELLI

Nació en Florencia en 1977. Después de estudiar piano en el conservatorio Luigi Cherubini, se trasladó a Nueva York, donde empezó a estudiar Criminología. En 1997 regresó a Italia y se graduó en Derecho y obtuvo, además, un diploma en la *Accademia d'Arte Drammatica*. Siempre apasionada por los viajes, desde 2008 escribe en un blog sobre las aventuras con su familia viajando por todo el mundo.

SIOR LEO

Primo lejano del legendario león de San Marco, decidió dejar su profesión de estatua para acompañar a niños y niñas por Venecia. Antes tenía alas, pero las perdió en un concurso de saltos desde el Puente de los Suspiros. Desde entonces se desplaza en *vaporetto*, llevando siempre consigo una bolsa de *bussolá* y la melena llena de migas.